Les congrès
eucharistiques

Cardinal Marc Ouellet

Les congrès
eucharistiques

NOVALIS

Les congrès eucharistiques est publié par Novalis.

Rédaction : Cardinal Marc Ouellet en collaboration avec Josée Latulippe et le comité des publications du 49ᵉ Congrès eucharistique international 2008.

Couverture et mise en pages : Audrey Wells
Photographies : © aaussi / iStockphoto

Dépôts légaux : 3ᵉ trimestre 2007
    Bibliothèque nationale du Canada
    Bibliothèque nationale du Québec

Novalis, 4475, rue Frontenac, Montréal (Québec), H2H 2S2
C.P. 990, succursale Delorimier, Montréal (Québec), H2H 2T1

Nous reconnaissons l'aide financière du gouvernement du Canada par l'entremise du Programme d'aide au développement de l'industrie de l'édition (PADIÉ) pour nos activités d'édition.

ISBN : 978-2-89507-893-7

Imprimé au Canada

Catalogage avant publication de Bibliothèque et Archives nationales du Québec et Bibliothèque et Archives Canada

Ouellet, Marc, 1944-

    Les congrès eucharistiques
    Comprend des réf. bibliogr.
    ISBN : 978-2-89507-893-7

    1. Congrès eucharistiques. 2. Eucharistie - Église catholique. 3. Congrès eucharistique international (49ᵉ : 2008 : Québec, Québec). I. Titre.

BX2215.A1O93 2007   234'.163 C2007-941487-7

NOVALIS

Les congrès eucharistiques

1. Qu'est-ce qu'un congrès eucharistique international?

Un congrès eucharistique international est un rassemblement de l'Église universelle pour célébrer Jésus Christ vivant dans l'Eucharistie. Le centre de l'Église, c'est le mystère pascal de Jésus présent dans l'Eucharistie. Il constitue à la fois la source et le sommet de l'évangélisation. Avec l'approbation du Pape, une Église diocésaine invite les autres Églises à une semaine de célébration, de prière, de réflexion et d'engagement.

Le premier but d'un congrès eucharistique international est de rendre un culte public et social à Jésus. C'est un hommage au Christ dans son mystère pascal par un déploiement unique.

Le deuxième but vise à approfondir la connaissance de l'Eucharistie chez les croyants et les croyantes. Des catéchèses, des conférences, des partages, des témoignages centrés sur le mystère pascal stimulent la foi du peuple de Dieu.

Devant l'indifférence religieuse des sociétés modernes, cette semaine de grandiose Fête-Dieu cherche aussi à rendre le culte eucharistique davantage accessible à tous.

Le troisième but invite les congressistes à l'engagement dans la solidarité. À la suite du Christ qui s'est donné au monde, les croyants et les croyantes s'engagent à construire des sociétés d'amour et de paix par le service respectueux de tous les peuples de la terre.

2. Où a eu lieu le premier congrès eucharistique international et qui en a pris l'initiative?

Le premier congrès eucharistique international a eu lieu à Lille, en France, en juin 1881. Vous savez qui a pris cette initiative? C'est Mademoiselle Marie-Marthe-Émilie Tamisier, une dame pas très connue. Elle a une belle histoire. Permettez-moi de vous la raconter. L'origine des congrès eucharistiques internationaux remonte à Paray-le-Monial. C'est de ce célèbre sanctuaire que l'étincelle eucharistique s'est allumée pour se propager dans le monde entier. C'était le 29 juin 1873. À cette époque, la foi des Français subissait l'assaut des idéologies du XIXᵉ siècle. Le libéralisme (qui prône l'absolue liberté des individus envers l'Église et l'État), le scientisme (qui résout tous les problèmes par la science) et le naturalisme (qui exclut le surnaturel parce qu'en dehors de la nature) aspiraient à une nette démarcation entre les convictions privées des Français et leurs manifestations dans la vie publique. Ce jour-là, soixante députés français se sont prosternés dans la chapelle de la Visitation de Paray-le-Monial. Ils ont consacré la France, le Parlement et eux-mêmes au Sacré-Cœur de Jésus, au pied du Saint-Sacrement exposé. Cette consécration solennelle a eu des répercussions tellement remarquables qu'elle fut reconnue comme l'aurore de temps meilleurs. Dans la foule des fidèles, se trouvait Mademoiselle Tamisier. En entendant prononcer cet acte de consécration, elle a fortement senti l'appel à travailler au salut de la société par l'Eucharistie. Elle a organisé des pèlerinages au Saint-Sacrement qui ont pris peu à peu la forme de congrès : célébrations liturgiques, conférences, témoignages.

Mademoiselle Tamisier a d'abord rencontré saint Pierre-Julien Eymard, l'apôtre de l'Eucharistie. Puis, le bienheureux Antoine Chevrier, son deuxième conseiller, lui a dit qu'elle n'avait pas la vocation de prier dans un cloître, mais plutôt celle de courir les chemins. Mademoiselle Tamisier a obéi. Elle a mené une vie d'action eucharistique dans le monde entier. En collaboration avec le clergé, elle a contribué à la réussite de vingt congrès eucharistiques internationaux. Elle a parcouru tant de chemins qu'au Congrès eucharistique international de Madrid, en 1911, on l'a surnommée la « Jeanne d'Arc de l'Eucharistie ». Elle a sûrement entrevu le magnifique avenir des congrès eucharistiques internationaux pour la vie moderne.

Au début, les congrès eucharistiques internationaux se tenaient tous les ans ou tous les deux ans. Par la suite, le rythme est passé à tous les quatre ans.

3. Comment sont choisies les villes qui accueillent les congrès eucharistiques?

Le Comité pontifical des congrès eucharistiques internationaux soumet au Pape des propositions concernant les villes capables de remplir les conditions favorables au déroulement d'un congrès eucharistique international. Il tient compte du climat politique du pays et il s'applique à ne délaisser aucun continent. Plusieurs congrès se sont tenus en **Europe** : France, Italie, Espagne, Pologne.

En **Afrique** : Carthage en 1930, Nairobi en 1985.

En **Océanie** : Sydney en 1928.

En **Asie** : Jérusalem en 1893, Manille en 1937, Bombay en 1964, Séoul en 1989.

En **Amérique** : Montréal en 1910, Chicago en 1926, Buenos Aires en 1934, Rio de Janeiro en 1955, Guadalajara en 2004.

4. Quel est le rôle du Comité pontifical pour les congrès eucharistiques internationaux et qui en fait partie?

Le rôle du Comité pontifical des congrès eucharistiques internationaux est :

- de proposer au Saint-Père le choix d'un lieu;
- de superviser le travail du comité local en examinant le thème, le document

théologique de base et le programme du congrès;

- de favoriser et même de privilégier les initiatives visant à accroître la connaissance du mystère eucharistique et la participation des fidèles à la célébration de l'Eucharistie pour en rayonner dans leur vie personnelle et sociale.

Ce comité, dont je fais partie, est composé de cardinaux, d'évêques et de laïcs, tous nommés par le Saint-Père. Les membres sont originaires de différents pays du monde, reflétant l'universalité et la diversité de l'Église : Slovaquie, Nigeria, Mexique, Canada, Sri Lanka, Guinée, Irlande, Espagne, Philippines et Uruguay.

5. Qui peut participer à un congrès eucharistique international? S'agit-il d'une réunion réservée aux « experts »?

Un congrès eucharistique international est destiné à l'ensemble du peuple de Dieu, c'est-à-dire que toutes les croyantes et tous les croyants y sont invités, qu'ils fréquentent ou non régulièrement l'Église. C'est pour eux une occasion de choix pour redécouvrir plus profondément la signification ecclésiale de l'Eucharistie. Prendre part à un congrès eucharistique international d'une semaine suscite un éveil vraiment spécial dans la vie, dans la famille et dans la communauté. Car si l'Eucharistie est une dévotion personnelle, elle est surtout une communion de personnes qui se nourrissent du don du Seigneur lui-même.

6. Comment se prépare-t-on à un congrès eucharistique international?

La préparation à un congrès eucharistique se vit longtemps à l'avance, d'abord par la prière. Le thème général proposé permet des catéchèses lors de prédications dominicales dans les paroisses, de retraites paroissiales, d'heures d'adoration, de rencontres pour approfondir l'Eucharistie dans le partage et le témoignage. La préparation est à la fois individuelle, paroissiale et communautaire.

Cette année, Canadiennes et Canadiens s'unissent aux catholiques du monde entier qui vivent cette préparation dans leur paroisse respective. C'est « ensemble » que se fait la préparation à un congrès eucharistique international. Parce que

« vivre l'Eucharistie », c'est faire partie d'une assemblée qu'on appelle l'Église.

7. Comment se déroule un congrès eucharistique international?

Un congrès eucharistique international commence par une cérémonie d'accueil. Puis, l'ouverture officielle se fait par la célébration eucharistique, très solennelle, souvent accompagnée d'un spectacle religieux. Chacun des jours de la semaine du congrès est marqué par des temps de catéchèses et de témoignages, de visites; ou encore par des activités d'échanges, des partages, des tables rondes. Dans la mesure du possible, la procession solennelle publique du Très-Saint-Sacrement se tient le jeudi, journée eucharistique par excellence dans la tradition de l'Église.

La *Statio Orbis* est la célébration qui conclut un congrès eucharistique. Elle tire son nom du 37e congrès eucharistique qui a eu lieu à Munich en 1960. Le congrès exprimait ce concept alors nouveau de *statio orbis* comme « célébration eucharistique de l'Église universelle par tout le peuple de Dieu ». Elle se référait à la tradition romaine des *statio urbis*, dans la ville, que faisaient autrefois les papes chaque jour du Carême. La *Statio Orbis* dans le cadre d'un congrès eucharistique constitue ainsi une halte, une pause de l'Église universelle. Généralement présidée par le Pape ou par son délégué, elle est l'expression visible de la communion de l'Église universelle.

49e CONGRÈS EUCHARISTIQUE
INTERNATIONAL
QUÉBEC, CANADA 2008

L'Eucharistie, don de Dieu
pour la vie du monde.

Le Congrès eucharistique de Québec

8. Quel est le thème du Congrès eucharistique de 2008? De quelle façon le logo exprime-t-il ce thème?

Le thème du Congrès eucharistique international de Québec est « l'Eucharistie, don de Dieu pour la vie du monde ». Il développe le mystère pascal du Christ comme don trinitaire qui donne la vie au monde par sa mort et sa résurrection.

Premièrement, Dieu est au-dessus de nous. Personne ne l'a jamais vu. En effet, Dieu dit dans la Bible : « Tu ne peux pas voir ma face, car l'homme ne peut pas me voir et vivre » (*Exode* 33, 20). Deuxièmement, Dieu se donne à nous. Jésus, le Fils de Dieu, « est descendu du ciel » (*Jean* 3, 13b) pour vivre comme homme au milieu de nous. Jésus « témoigne de ce qu'il a vu et entendu » (*Jean* 3, 31b-32a) de son Père. Il est venu nous dire que Dieu, le Père, « nous aime ».

Sans Jésus, nous ne l'aurions jamais su. Dieu veut que le monde vive de sa propre vie : une vie d'amour et de communion. Dieu nous invite tous et toutes à recevoir aujourd'hui sa propre vie d'amour dans nos vies d'hommes et de femmes. Dieu, le Père, et Jésus, le Fils, s'aiment d'un si grand amour qu'ils ne font qu'un. Ils nous invitent à partager leur amour et à le vivre ensemble : c'est la communion. Dieu veut vivre avec nous l'unité d'amour qu'il vit en lui-même. « Je suis venu pour qu'ils aient la vie et qu'ils l'aient en abondance » (*Jean* 10, 10). C'est le sens profond du mystère de l'Eucharistie qui fait passer en nous la vie de Dieu par la célébration de la mort et de la résurrection du Christ.

Le logo du Congrès eucharistique international 2008 est formé d'une croix qui divise un cercle en quatre parties. Le cercle représente l'hostie, corps du Christ et pain rompu par le partage eucharistique. Dans le cercle, on peut aussi voir la terre séparée en quatre points cardinaux. Image de la terre, le logo évoque la vie du monde invité au rassemblement universel du Congrès eucharistique international 2008. L'ensemble du logo donne à voir un bateau, symbole de l'Église universelle et rappel de la barque de Pierre. Le bateau figure aussi dans les armoiries de la Ville de Québec. C'est en effet en remontant les eaux du majestueux fleuve Saint-Laurent que les premiers missionnaires et Monseigneur de Laval arrivent à Québec pour y implanter la foi au Christ Jésus.

La couleur « or » rappelle le pain eucharistique et la couleur « rouge », le vin eucharistique. Les deux couleurs se fondent l'une dans l'autre pour figurer le don de Dieu. Ce sont les couleurs dominantes dans les armoiries de François de Laval, premier évêque en Amérique du Nord.

9. Quels sont les objectifs particuliers du congrès de Québec?

Le congrès de Québec vise en particulier à :

- favoriser l'approfondissement de l'Eucharistie par des catéchèses centrées sur la Pâque du Christ, c'est-à-dire son passage de la mort à la vie éternelle;
- promouvoir la participation consciente et active à la liturgie par la lecture et l'écoute de la parole de Dieu;

- célébrer l'offrande de soi et l'engagement fraternel par des visites aux malades, aux personnes âgées;

- encourager le service actif du prochain par des actions concrètes qui, petit à petit, transforment le monde à la manière du levain dans la pâte;

- conscientiser le peuple au sujet de la foi eucharistique et de la vie familiale qui ont fait la force de la société et marqué la culture depuis 400 ans;

- rendre témoignage de la belle histoire de la foi eucharistique chez les saints et bienheureux de chez nous.

Ajoutons l'expression de la foi chez les jeunes par la découverte de l'Eucharistie. Nous souhaitons que les jeunes développent leur goût de vivre, d'être heureux, de servir leurs proches par des manifestations de foi individuelles et communautaires.

10. Quelles seront les principales activités du Congrès eucharistique international de Québec?

Le Congrès eucharistique international 2008 se veut une fête populaire pour les fidèles et non une réunion de spécialistes. Voici un survol des activités prévues.

Le dimanche 15 juin, l'ouverture du 49ᵉ Congrès eucharistique international 2008 se fera par une célébration de l'Eucharistie axée sur l'invocation de l'Esprit Saint et l'accueil des délégués.

Le lundi 16 juin, la thématique proprement dite commencera par la catéchèse sur l'Eucharistie, Don de Dieu. D'abord : « Qu'est-ce que Jésus a fait à la dernière Cène? » On approfondira le rite institué par Jésus pour la Nouvelle Alliance. C'est un mémorial qui rend présent l'événement salvifique dont on reprend les paroles et les gestes du Christ en invoquant la puissance opératrice de l'Esprit Saint (*Document théologique de base*, p. 21).

Le mardi 17 juin, la catéchèse se concentrera sur le contenu du rite. « De quoi le rite parle-t-il? Quel est le contenu du mémorial? » Le contenu du rite, c'est le mystère pascal du Christ : sa passion, sa mort et sa résurrection. Le Père nous donne son Fils (*Jean* 3, 16) et le Fils se livre lui-même, par obéissance au Père, pour expier les péchés du monde et pour nous réconcilier avec Dieu. C'est l'approfondissement de la dimension sacrificielle de l'Eucharistie (*DTB*, p. 28).

Le mercredi 18 juin, à la lumière de l'encyclique *Ecclesia de Eucharistia* de Jean-Paul II, la catéchèse portera sur le premier résultat du Don de Dieu : l'Église, corps du Christ et épouse du Christ. Le Christ eucharistique engendre l'Église. L'accent sera mis sur l'amour mutuel des chrétiennes et des chrétiens dont l'unité témoigne de Jésus. Le nouveau commandement ou la règle d'or de l'amour mutuel doit gouverner toutes les relations ecclésiales *ad intra* et *ad extra* (*DTB*, p. 29-30).

Le jeudi 19 juin, la question sera : « De quelle vie parle-t-on? » De la vie du Christ qui pénètre nos vies et nous entraîne par la foi dans son mouvement d'amour du Père, dans son adoration, dans sa louange et dans son action de grâce. Cette vie est un culte spirituel (*Romains* 12, 1ss). L'accent portera essentiellement sur le premier commandement : l'amour de Dieu par-dessus toute chose. Nous l'exprimerons par l'adoration et, dans la soirée, par une procession publique avec le Saint-Sacrement au cœur de la ville.

Le vendredi 20 juin, la catéchèse portera sur l'Eucharistie et la mission. La question sera : « Quelles attitudes et quelle éthique découlent de nos célébrations eucharistiques? Comment affectent-elles les réalités sociales, la pauvreté et les engagements sociaux dans notre monde? » Dans l'après-midi, la réflexion sera accompagnée de visites et d'engagements sociaux dans le milieu. On soulignera la charité, l'engagement pour la paix et la justice (*DTB*, p. 58), de même que l'ouverture au dialogue interreligieux.

Le samedi 21 juin, la réflexion portera sur la sainteté au cœur du monde, telle que l'Eucharistie l'inspire et la nourrit. Deux témoignages spécifiques seront mis en évidence. D'abord, celui de l'Église domestique : les époux qui fondent une famille sur la base du mariage sacramentel. Ce sera un enrichissement de la spiritualité conjugale et familiale. Ensuite, le témoignage de l'Église-Épouse : la vie consacrée sous toutes ses formes dont les personnes répondent à l'amour par l'amour même dont elles sont aimées. Cela permettra de mieux comprendre le charisme radical de la vie consacrée.

Le dimanche 22 juin, la cérémonie eucharistique de clôture, la *Statio Orbis*, sera présidée par le Pape ou par son délégué. Cette concélébration solennelle, impliquant tous les évêques présents et tout le peuple de Dieu, est l'expression visible de la communion de l'Église universelle.

11. De quelle façon la dimension œcuménique sera-t-elle présente au prochain congrès?

Un congrès eucharistique international est toujours précédé d'un symposium théologique international. La Faculté de théologie et de sciences religieuses de l'Université Laval organise le symposium international de 2008 qui se tiendra à Québec du 11 au 13 juin. Toute personne détenant une formation en théologie y est invitée.

Des théologiens de confessions différentes seront aussi présents. Le programme prévoit la participation de théologiens orthodoxes et protestants.

Lors du Congrès eucharistique international 2008, nous accueillerons certainement des observateurs de confessions différentes. Ici, à Québec, nous retrouvons l'Église anglicane, l'Église baptiste, l'Église unie, l'Église presbytérienne. Les congressistes seront invités à des rencontres fraternelles dans certaines Églises protestantes de Québec. Les responsables de ces Églises participeront aussi à nos rassemblements. Les célébrations du 49ᵉ Congrès eucharistique international 2008 seront sûrement l'occasion de manifester la présence de frères et de sœurs qui partagent avec nous une même foi, sans que l'unité entre nous soit complète.

12. Quelle sera la représentation des autres pays et continents?

Nous souhaitons que tous les continents soient représentés. Dans ce but, nous avons participé à une rencontre de délégués de plus de 50 pays, tenue à Rome, en novembre 2006. Nous leur avons présenté le Congrès eucharistique international 2008 dans son déroulement. Nous leur avons aussi parlé des moyens disponibles pour faciliter l'information dans leur milieu respectif et pour susciter la participation.

Une seconde rencontre internationale des délégués du Congrès 2008 ayant pour thème « Pèlerins en terre de Nouvelle-France » s'est tenue à Québec en mai 2007. Cette rencontre visait d'abord la préparation immédiate du congrès de même que les moyens concrets pour que chacun des délégués devienne un ambassadeur du congrès 2008 dans son propre pays. En plus d'une forte représentation des États-Unis et du Canada, les délégués de 24 autres pays étaient présents. Cet événement a permis aux délégués de recevoir davantage d'information et d'accroître leur motivation.

De plus, des évêques de plusieurs pays — les États-Unis, la France, l'Allemagne, l'Espagne, le Mexique, les pays d'Amérique latine représentés lors de l'Assemblée plénière du CELAM (Conseil épiscopal latino-américain) — m'ont invité à les rencontrer pour leur parler du Congrès eucharistique international 2008.

Et puis, le merveilleux instrument qu'est Internet facilite l'accès à l'information sur le congrès 2008 pour les gens du monde entier. De fait, les messages reçus indiquent que les personnes qui s'intéressent au congrès et souhaitent recevoir des renseignements proviennent de pays divers.

Nous faisons de notre mieux pour exprimer la plus cordiale bienvenue aux personnes de tous les continents. De ce point de vue, les cinq continents de la planète seront représentés par les onze catéchètes et témoins qui s'adresseront aux congressistes lors des séances plénières du congrès. Nous avons prévu un fonds de solidarité pour aider à couvrir une partie des dépenses, trop élevées, de certaines personnes participantes.

Des catholiques de pays éloignés comme Madagascar, le Mali et l'île de la Réunion ont déjà signalé leur ferme intention de participer. Leurs groupes, même peu nombreux, manifesteront la diversité et la vitalité de l'Église présente sur la planète tout entière. Le Canada aussi est un pays aux multiples cultures, terre d'accueil de nombreux immigrants du monde entier. Nous souhaitons que leur participation soit signifiante au Congrès eucharistique international 2008.

13. Quelle place le congrès de Québec fera-t-il aux jeunes?

En plus d'inviter les jeunes à participer aux activités générales, le Congrès eucharistique international 2008 se préoccupe de leur donner une place de choix. Environ 30 % des membres du personnel travaillant à la préparation du congrès de Québec ont moins de quarante ans.

À la suite de la Montée jeunesse de mai 2005, des jeunes de Montréal et de Québec ont émis l'idée d'un objet symbolique préparatoire au 49e Congrès eucharistique. C'est une première dans l'histoire des congrès eucharistiques internationaux. Les jeunes ont suggéré la conception d'une œuvre artistique, porteuse de sens. C'est ainsi que l'Arche de la Nouvelle Alliance est née. Elle a été bénite, à Rome, par le pape Benoît XVI, le 11 mai 2006. L'Arche de la Nouvelle Alliance aura visité tous les diocèses du Canada, de mai 2006 à juin 2008.

Pendant la fin de semaine du 49e Congrès eucharistique international 2008, des activités destinées spécifiquement aux jeunes seront proposées. Cependant, les jeunes ont déjà pris une longueur d'avance avec le succès des rassemblements « Montée jeunesse » : en 2005, en 2006 et en 2007. De plus, ils portent le souci du grave problème écologique qui inquiète le monde entier.

Souvent, les jeunes n'ont pas reçu de leurs parents l'habitude de fréquenter régulièrement l'Eucharistie dominicale. Un fossé s'est peu à peu creusé entre les jeunes et les adultes, et la culture eucharistique des jeunes est aujourd'hui assez limitée. Nous avons besoin de solidarité entre nous, chrétiennes et chrétiens de tous les états de vie, pour partager les richesses de l'Eucharistie.

Le sens de l'Eucharistie

14. Qu'est-ce que l'Eucharistie?

Le mot Eucharistie veut dire « action de grâce ». Célébrer l'Eucharistie, c'est donc se tourner vers Dieu et le remercier. « Sacrement de l'amour, la Sainte Eucharistie est le don que Jésus Christ fait de lui-même, nous révélant l'amour infini de Dieu pour tout homme » (SC 1). Jésus est celui qui a porté à son accomplissement cette attitude de la créature devant Dieu, qui reconnaît qu'elle reçoit tout de Dieu et lui dit merci. C'est ce que Jésus a fait tout au long de sa vie, et plus particulièrement à la fin de sa vie, dans l'action de grâce par excellence qu'a été le don total de lui-même. Avant de mourir, Jésus remercie le Père de l'avoir envoyé et de lui donner l'occasion de dire son amour jusqu'au bout. Même s'il se prépare à souffrir, Jésus vit une joie profonde parce qu'à travers le don de sa vie, il exprime tout l'amour qu'il reçoit du Père. Par le don total de sa vie, il nous rétablit dans l'amitié de Dieu et veut nous faire partager ses sentiments de remerciement, d'action de grâce. Vivre l'Eucharistie, c'est donc apprendre à dire merci à Dieu pour tout ce que nous sommes, pour tout ce que nous avons reçu et, surtout, pour le don de Jésus lui-même.

15. Quelle devrait être la place de l'Eucharistie dans la vie chrétienne?

Nous sommes des baptisés. Notre vie chrétienne a commencé avec l'acte de foi qui nous a portés au baptême. Par ce sacrement, nous sommes devenus enfants de Dieu, unis à la grâce du Christ, l'Enfant de Dieu par excellence. Le Christ nous fait entrer dans sa filiation, à travers sa mort et sa résurrection.

Puisque nous sommes baptisés, que nous sommes appelés à vivre unis au Fils de Dieu, la célébration de l'Eucharistie nous permet de retourner à la source de notre baptême, de nous nourrir de l'amour dans lequel nous avons été plongés au baptême. Dans notre vie quotidienne en effet, il arrive que nous perdions notre élan, notre fidélité. L'Eucharistie nous ramène à l'essentiel, elle nourrit la flamme d'amour qui nous habite, cette flamme d'amour qui nous vient de Dieu et qui déjà nous fait vivre de la vie de Dieu. L'Eucharistie est donc au cœur de la vie chrétienne. C'est là que nous recevons la vie de Dieu et que nous révélons qui nous sommes, des enfants de Dieu unis au Fils unique.

16. Comment doit-on comprendre l'expression « Marie, femme eucharistique » et quelle est la place de Marie dans un congrès eucharistique international?

Pierre-Julien Eymard a donné à Marie le nom de Notre-Dame du Très-Saint-Sacrement. « Marie, femme eucharistique » est une expression de Jean-Paul II. Par cette expression, nous sommes invités à entrer encore davantage dans l'attitude même du Christ : en tant que Fils, il est entièrement tourné vers le Père et lui dit merci. Le Fils de Dieu a été donné à Marie, qui l'a accueilli comme un cadeau tout à fait inattendu remplissant son cœur d'une joie impossible à exprimer. Après avoir dit « oui » au projet de Dieu sur elle — son *Fiat* —, Marie a exprimé sa joie dans un geste d'amour, en allant visiter sa cousine

Élizabeth, et dans le chant du Magnificat. Marie est donc eucharistique — c'est-à-dire action de grâce — depuis le début. Son fils Jésus, qui fait de sa vie une action de grâce, qui nous a montré l'amour en action, Marie l'a accompagné jusqu'au bout, jusqu'à la croix. Elle s'est tenue debout au pied de la croix — *Stabat Mater* —, dans une attitude eucharistique. Elle nous apprend à tenir bon dans l'amour, même quand plus rien ne va.

Marie est l'Église qui accompagne le Verbe de Dieu fait chair, toujours ouverte au don que Dieu fait de lui-même, qui laisse la fécondité de Dieu se répandre sur toute l'humanité.

Marie, femme eucharistique, a bien sûr sa place dans un congrès eucharistique. D'ailleurs, l'un des congrès eucharistiques internationaux, tenu à Sydney en 1928, avait pour thème « Marie et l'eucharistie ». Le congrès de Québec 2008 soulignera la place de Marie en lien avec l'Eucharistie, particulièrement le mercredi où il sera question de l'Église. En effet, Marie a été la première Église, la première demeure du Très-Haut. L'Église est l'assemblée où Dieu vient demeurer, un peu comme la Tente de la réunion dans l'Ancien Testament, ou l'arche d'Alliance. Marie est en effet appelée Arche d'Alliance. Les activités proposées nous permettront de comprendre encore davantage la place de Marie dans l'Église : elle est comme une mère qui en assure l'unité. Par sa foi immaculée, elle soutient notre foi parfois chancelante.

17. Quels liens pouvons-nous faire entre la Trinité et l'Eucharistie?

L'Eucharistie est un événement trinitaire. C'est bien sûr un rite de l'Église. C'est, en même temps, un événement où le Dieu trinitaire se donne : il nous donne sa Parole faite chair, son Fils. Le Fils accueille tout ce que nous lui donnons et il l'offre au Père avec l'offrande qu'il fait de lui-même. Ce don de lui-même au Père, Jésus l'a fait par toute sa vie jusqu'au don ultime sur la croix. Cette offrande, le Père l'a agréée en ressuscitant Jésus. En effet, la résurrection est la preuve que le sacrifice du Christ a été agréé par le Père pour nous tous. Voilà pourquoi nous sommes sûrs que le Père pardonne à toute l'humanité. L'autre preuve de ce « oui » du Père au don du Fils, c'est ce qui est commun au Père et au Fils : un même

Esprit d'amour. Dans l'Eucharistie, cette communion du Père et du Fils culmine dans le don de l'Esprit versé en nos cœurs.

Dans la communion eucharistique, nous recevons le corps et le sang du Christ. Mais le sacrement que nous recevons porte le don de Dieu lui-même, l'Esprit Saint répandu dans nos cœurs. La communion est un moment de Pentecôte où l'Esprit est versé en nos cœurs; en même temps, nous recevons la vie du Fils qui nous remet dans l'intimité avec le Père. Jésus, en effet, nous a dit : « Si quelqu'un m'aime, il observera ma parole, et mon Père l'aimera; nous viendrons à lui et nous établirons chez lui notre demeure » (*Jean* 14, 23). C'est par excellence dans l'Eucharistie que cette Parole s'accomplit. Dans ce sacrement, nous recevons une participation à la communion trinitaire.

L'Eucharistie est donc un événement trinitaire, un échange entre les personnes divines : le Père qui engendre son Fils, le Fils qui répond au Père et l'Esprit Saint qui procède des deux. Ce don trinitaire est fait à la communauté qui célèbre, il l'unit à Dieu puis l'envoie répandre cette communion dans tout l'univers.

18. Que veut-on dire quand on parle de l'Eucharistie comme « sacrifice »?

Étymologiquement, le mot sacrifice vient du latin *sacrificium, sacrum facere*, c'est-à-dire « faire du sacré ». Dieu est la réalité sacrée par excellence, et ce qui fait que Dieu est saint, c'est son amour. Au fond, ce qui est sacré, c'est l'amour.

L'humanité a perdu la communion d'amour avec Dieu dans laquelle elle avait été créée. Le Christ est venu rétablir ce sacré, il est venu remettre l'humanité en communion parfaite avec Dieu. C'est pourquoi il a pris sur lui ce qui détruisait notre vie : le péché. Tout ce qui brise la communion entre les humains d'une part et entre les humains et Dieu, le Christ l'a pris sur lui et l'a changé en amour. C'est le sens de sa croix, de son sacrifice. Le Christ a « re-sacralisé » l'humanité, il l'a sanctifiée, il l'a remplie d'amour. Il a offert sa vie pour nous débarrasser de tout ce qui détruit la vie. Voilà pourquoi nous affirmons que sa souffrance est rédemptrice, c'est-à-dire qu'elle rachète l'humanité, qu'elle la refait sainte, conforme à la volonté de Dieu. C'est cela, le sacrifice du Christ.

Le sacrifice du Christ est un sacrifice d'alliance. Et selon la tradition biblique, l'Alliance devait se sceller dans le sang. La Nouvelle Alliance est scellée dans le sang de Jésus qui permet de purifier l'humanité. Par son sacrifice, le Christ prend en charge ce qui nous sépare de Dieu et il nous donne ce qui nous unit à Dieu : un acte d'obéissance et d'amour, jusqu'au bout. Quand nous croyons en lui, nous devenons participants de cet acte. Cet acte se prolonge en nous, nous sommes sanctifiés et nous entrons dans ce sacrifice, c'est-à-dire dans la reconstitution sainte de l'humanité par notre obéissance d'amour unie à celle de Jésus. Voilà le sens de la foi et de la participation à l'Eucharistie.

19. Que veut-on dire quand on parle de la dimension nuptiale de l'Eucharistie?

L'Eucharistie, mémorial du mystère pascal, est un banquet d'alliance. Quand Dieu se donne, dans le Christ, il veut avoir un partenaire d'alliance. Il veut que l'Église existe comme partenaire. Quand le Christ donne son corps, il veut que l'humanité devienne son corps. Il veut l'humanité comme partenaire, dans l'amour, dans l'intimité, pour former, comme le dit saint Paul, « un seul corps, une seule chair, un seul esprit ». C'est pourquoi on peut très bien comprendre le mystère eucharistique comme le cadeau nuptial que Dieu nous fait dans son Fils. Et le Fils fait le cadeau de lui-même, de tout son être, semblable au don que se font deux personnes qui s'aiment et qui se donnent totalement l'une à l'autre dans l'amour, devenant jusqu'à un certain point un seul corps, une seule chair, un seul esprit. C'est ainsi que saint Paul comprend le mystère du Christ et de l'Église, comme un mystère nuptial qui atteint son sommet dans la célébration de l'Eucharistie.

Les Pères de l'Église affirmaient que le baptême était le bain des noces et l'Eucharistie, le banquet des noces. Ils avaient eux aussi cette compréhension symbolique de l'Eucharistie comme d'un mystère nuptial. Cette vision exprime bien l'intimité, l'unité du mystère de l'Eucharistie, en même temps que sa fécondité. En effet, il y a dans l'Eucharistie une intercession pour toute l'humanité, une communication à toute l'humanité à travers l'union du Christ et de l'Église.

20. Le don du Christ appelle une réponse : une alliance à deux sens. Est-ce que ça veut dire que notre participation est nécessaire à la réalisation du don de l'Eucharistie?

En effet, pour se donner vraiment, il faut être reçu. Marie est la « femme eucharistique » parce que Dieu a voulu se donner à elle. Dans son « *fiat* », dans son « oui », Dieu a été reçu. Quand Dieu se donne, il veut être reçu. C'est pourquoi il dit : « Prenez et mangez. » Il nous commande cela. Pour que le sacrement soit sacrement, il faut quelqu'un pour manger, au moins le prêtre qui ne communie pas seulement pour lui-même, mais aussi pour l'ensemble des personnes présentes et absentes.

La participation est nécessaire pour qu'il y ait « Alliance ». Dieu ne veut pas tomber dans le vide. Quand il se donne, il veut être accueilli dans le sein de Marie, dans le sein de l'Église. C'est là que sa Parole porte du fruit. C'est là où nous entrons dans ses sentiments et où nous communions à sa vie dans le mystère de la foi, par le dynamisme du Saint-Esprit toujours présent à cette rencontre. Le Saint-Esprit, créateur de l'unité dans la distinction, assure sa propre participation pour rendre réciproque cette rencontre.

21. Existe-t-il un lien entre l'Eucharistie et la transformation du monde?

En latin, la messe se termine par le *Ite misa est*, traduit en français par : « Allez, dans la paix du Christ. » On pourrait également dire : « Allez en mission. » En effet, les chrétiens ont la responsabilité de prolonger le don qu'ils reçoivent, le don que le Christ fait de lui-même. Le Père a envoyé son Fils dans le monde pour que nous ayons la vie par lui. Nous pouvons l'affirmer au présent : le Père envoie son Fils dans le monde, qui prend corps eucharistique, qui prend corps ecclésial, pour que Dieu invisible devienne visible et pour que le don qu'il fait de façon sacramentelle puisse être perçu par l'amour des chrétiens. En effet, le premier élément de la mission, c'est l'amour. Nous sommes appelés à communiquer l'amour qui nous brûle le cœur. Ensuite nous pouvons parler de Jésus, de son histoire, expliquer que c'est lui qui nous fait agir, que c'est son Esprit qui nous anime. Il existe donc une continuité entre l'Eucharistie et la mission qui en découle.

C'est l'amour qui transforme le monde. Le monde est rempli de beauté et de valeurs. Mais en même temps, il est bouleversé, envahi de haine, de ruptures, de tragédies. Transformer le monde, c'est mettre la justice où règne l'injustice; c'est mettre la paix où sévit la guerre. Seul l'amour peut transformer le monde, mais pas n'importe lequel. Le monde a besoin d'un amour qui guérisse, qui purifie, qui sanctifie. Il a besoin d'un amour portant la puissance de toucher le cœur : l'amour du Christ. Face à la violence, le Christ a lui-même souffert la croix. Son amour a vaincu la violence, la croix et la mort. Le Christ répand son amour dans nos cœurs par la Sainte Eucharistie. Ce puissant amour de l'Esprit du Christ accepte d'être bafoué plutôt que de bafouer les autres; d'être persécuté plutôt que d'agresser les autres. Amour d'endurance, de patience, de persévérance dans l'action concrète, amour puisé à la source de l'Eucharistie. En allant par la foi à la prière par excellence, l'Eucharistie, nous recevons un amour plus grand que nous, plus fort que nous. L'Eucharistie verse ce puissant amour en nos cœurs pour que nous transformions le monde selon l'Esprit du Christ ressuscité.

Dans le cadre du Congrès eucharistique international de Québec, les deux derniers jours de la semaine mettront particulièrement l'accent sur « Eucharistie et mission ». Pour marquer le lien entre l'Eucharistie et l'engagement social des chrétiennes et des chrétiens qui s'appliquent à porter « paix et compassion » à toute personne dans le besoin, des visites sont prévues dans des hôpitaux, dans des centres sociaux, dans des lieux de souffrance. La transformation du monde s'opère par ces gestes symboliques, porteurs d'amour.

Le samedi, la dimension transformatrice du monde passera en particulier par le témoignage de familles chrétiennes et aussi de religieuses et de religieux. La puissance d'amour de l'Eucharistie sera présentée à travers l'Église domestique, c'est-à-dire le rapport entre l'homme, la femme et les enfants. C'est dans la famille que l'Église porte son premier fruit. L'amour du Christ doit pénétrer et régner dans la famille, base de l'Église et de la société.

Les personnes consacrées, par toute leur vie, témoignent de la charité du Christ manifestée sur la croix. Un amour totalement gratuit. Cet amour de Dieu va jusqu'à renoncer à un certain bonheur humain pour apporter, à la manière d'une source plus profonde, la guérison des bonheurs menacés ou presque détruits par le péché. Le témoignage radical de la vie consacrée atteste l'existence d'une source transcendante de l'amour, source déjà annonciatrice de la vie éternelle.

22. Dans le contexte actuel de pénurie de prêtres, comment devons-nous envisager la place de l'Eucharistie?

Il faut tout d'abord prier sérieusement pour les vocations sacerdotales. De plus, nous pouvons développer différentes formes de culte eucharistique. Il est possible, même en l'absence de prêtre, d'exposer le Saint-Sacrement. Adorer Jésus présent dans le Saint-Sacrement, c'est aussi une façon de communier. On communie en mangeant le sacrement, mais aussi par la vue. N'est-il pas agréable de voir l'être aimé?

Nous pouvons également communier par l'écoute de la parole de Dieu. En effet, il est impossible de comprendre le sens de l'Eucharistie sans comprendre le sens de la Parole. Ainsi, dans certaines communautés où l'absence de prêtre empêche la célébration plus fréquente de l'Eucharistie, on peut vivre des célébrations de la Parole vraiment signifiantes. Cela permet de revaloriser la place de la parole de Dieu vivante, active, par laquelle Dieu manifeste sa présence.

Finalement, il me semble que notre Église doit également s'ouvrir à des échanges de ministres qui peuvent venir d'autres pays. Ainsi, l'Eucharistie, le don par excellence, pourra continuer d'alimenter nos communautés chrétiennes.

Pour les personnes attachées à l'Eucharistie, la douleur est vive de ne pas pouvoir en vivre de façon régulière. En revanche, les personnes qui se sont éloignées de ce sacrement risquent fort de perdre le peu d'attachement qu'il leur reste si l'Eucharistie ne leur est pas proposée. En effet, si les funérailles sont célébrées sans Eucharistie, si les mariages sont célébrés dans le cadre de célébrations de la Parole, bien des gens risquent de perdre le sens de la présence du Ressuscité dans l'Eucharistie, car c'est là qu'il se manifeste par excellence. Par la même occasion, nous risquons fort de perdre le sens du rassemblement. Nous avons là quelque chose à redécouvrir, comme société : ce qui fait la force d'une société, c'est sa capacité de solidarité, sa capacité à se rassembler autour de valeurs signifiantes. Dans notre pays, nous avons vraiment besoin de remettre nos valeurs en ordre de priorité. La première valeur, quelle est-elle? C'est Dieu. C'est lui qui devrait être le premier servi, parce qu'il est Celui autour de qui gravite toute notre vie. Alors que nous recevons notre vie de lui, nous le traitons parfois comme une idée périphérique à laquelle nous faisons appel à l'occasion. L'action de grâce devrait être une valeur importante de notre vie. Dans notre semaine, la première chose à planifier devrait être le dimanche, le jour du Seigneur. Notre temps appartient à Dieu. Pour qu'il soit saint, c'est-à-dire accordé à la volonté de Dieu, au moins une heure devrait lui être consacrée, en lien avec notre communauté. Voici le premier témoignage que doivent donner les communautés chrétiennes : confesser leur foi par leur rassemblement dominical, proclamer que Dieu est vivant dans le Christ ressuscité.

23. De quelle façon doit-on participer à l'Eucharistie?

Le premier élément d'une participation active et consciente est l'acte de foi que nous faisons en nous rendant à l'église, en y entrant, en nous accueillant les uns les autres comme des frères et des sœurs dans la foi. Nous ne nous rendons pas à un spectacle, mais bien à un rassemblement dans la foi, afin d'être confortés dans notre identité d'enfants de Dieu. Rassemblés en Église, nous ouvrons notre cœur pour être illuminés par la parole de Dieu qui est proclamée. Nous apportons notre semaine, nos soucis, nos joies, nos peines. Nous partageons une offrande matérielle, symbolique, en même temps que le pain et le vin; cette offrande représente en fait toute notre vie. Symboliquement, nous disons au Seigneur : « Nous voici! » Dans l'Eucharistie, le Christ s'offre lui-même et il rend toutes nos offrandes agréables parce qu'il les unit à son acte d'amour. Nous nous remettons entre ses mains pour qu'il nous rende agréables au Père. C'est ce qu'il fait en prononçant les paroles : « Ceci est mon corps. Ceci est mon sang. » Il prend ce que nous lui offrons, qui nous symbolise, et il nous transforme en son corps qu'il nous redonne en communion. Nous recevons ce que nous sommes : le corps du Christ, dans l'unité. C'est en effet ce que disait saint Augustin : « Recevez ce que vous êtes, le corps du Christ. »

Certaines personnes participent aussi à l'Eucharistie en remplissant certains rôles pendant la célébration, que ce soit l'accueil des autres, la proclamation de la Parole, la procession des offrandes, le chant, etc. Ces fonctions liturgiques sont importantes, bien sûr. Mais l'essentiel est la participation intérieure, qui n'est jamais passive. En effet, participer à l'Eucharistie, c'est écouter la Parole, répondre, chanter. C'est tenter de voir ce que la Parole veut nous dire dans notre vie concrète, comment nous sommes appelés à nous convertir. L'Eucharistie est l'occasion de nous replacer intérieurement en union avec Dieu, remplis de la présence de Dieu, pleins d'enthousiasme. L'enthousiasme vient d'un mot grec qui signifie « avoir Dieu à l'intérieur ». L'Esprit Saint est celui qui nous remplit d'enthousiasme, qui rend l'amour plus actif en nous. La participation consciente et active à l'Eucharistie doit donc d'abord être intérieure.

24. Comment l'Eucharistie édifie-t-elle l'Église en tant que « Peuple de la Nouvelle Alliance »?

Dans le dessein de Dieu, la Parole créatrice convoque les humains à se rassembler : c'est la première Alliance. La loi de Moïse et les prophètes étaient à la fois des rassembleurs du peuple et des annonciateurs de la parole de Dieu. Quand les temps furent accomplis, le Fils, plénitude de la Parole, a été envoyé pour rassembler l'humanité. La parole de Dieu continue aujourd'hui à convoquer l'humanité autour du don de la Nouvelle Alliance que le Christ fait de lui-même pour nous faire entrer dans sa filiation. Le don de la Nouvelle Alliance passe par le sacrifice du Fils unique. L'Église est ce partenaire de Dieu qui a entendu la Parole, qui croit à la Parole, qui se laisse interpeller et transformer par la Parole, qui se laisse introduire dans l'intimité du Fils pour participer à la vie divine. Dieu veut un peuple consacré qui lui appartienne dans l'amour. De plus, il veut ce peuple visible dans l'histoire humaine, comme signe levé devant les nations pour annoncer à toute l'humanité : « Réjouissez-vous, il y a une rémission des péchés, la mort a été vaincue, et vous êtes appelés à la vie éternelle. » Ce message de l'Église comme Peuple de la Nouvelle Alliance s'accomplit dans le Christ par la victoire de la résurrection. Aujourd'hui, par le don du Saint-Esprit, répandu très largement à cause de la portée universelle du mystère pascal du Christ, ce message pénètre de façon secrète le cœur de tous les humains. C'est pourquoi l'Église doit annoncer avec audace la parole de Dieu destinée à tous et à toutes. En effet, l'Esprit Saint prépare évangéliquement le cœur de toutes les personnes.

L'Église est partenaire du don de Dieu. Pour remplir sa mission, elle doit s'engager dans la même dynamique d'amour divin. L'Eucharistie, moment de recueillement et d'action de grâce, doit être intrinsèquement située dans la mission de l'Église : répandre l'amour trinitaire. Cet amour, jailli de la source paternelle et communiqué par le Verbe fait chair, habite nos cœurs par l'Esprit Saint et donne vie au monde.

25. Qu'est-ce que l'adoration eucharistique?

L'adoration est d'abord un acte par lequel nous reconnaissons que nous sommes créatures et que Dieu est Dieu. Devant Dieu, notre premier mouvement est : reconnaître. Reconnaître ce qu'il est, nous incliner profondément devant lui, le Créateur, le Maître de toutes choses. Le Christ a porté à son accomplissement cette attitude de la créature en achevant l'Alliance que Dieu veut établir avec nous. Dieu veut que nous ayons une relation d'égalité avec lui. Il ne veut pas que nous soyons de simples créatures qui se disent « je ne suis rien, Dieu est tout ». Il nous élève à son niveau pour que notre attitude en soit une d'amour, de confiance, de remise totale de soi. Le Christ nous enseigne cette adoration véritable qui est comme l'extase de l'amour. Elle consiste à sortir de soi pour être auprès de Dieu, à ne plus se préoccuper de soi mais de Dieu qui est la personne par excellence, qui est amour. Dans le Christ, nous sommes à cette école de l'adoration véritable qui est un acte de remise de soi, d'obéissance et, surtout, d'amour.

Les évangiles nous rapportent que Jésus se retirait souvent à l'écart pour prier, pour exprimer sa relation avec le Père. C'est ainsi qu'il vivait sa vie filiale, une vie de don total de lui-même dans l'action de grâce. Jésus est l'Eucharistie éternelle, action de grâce éternelle pour le don que le Père lui fait de son être filial. Il est venu exprimer dans la chair, dans sa personne bien humaine, ce que c'est que d'être adorateur, de vivre complètement tourné vers le Père. Il nous a détournés d'un monde qui nous éloigne de Dieu, il nous a retournés vers le Père. Il a rétabli en nous la circulation de l'amour. Voilà ce que Dieu a voulu depuis les origines : une Alliance avec sa créature où celle-ci participe à la vie qui est en lui, à cette extase éternelle d'amour entre les personnes divines. En Jésus, Dieu s'est fait chair, il s'est manifesté à nos yeux de façon tout à fait inattendue, d'une façon si humble : il s'anéantit pour être proche de nous. Dans cette manifestation, le Christ nous fait entrer dans son adoration à lui. Lui qui accomplit totalement l'attitude de la créature devant Dieu, il transforme l'attitude de créature en attitude de fils, de fille. Il nous fait entrer dans une relation filiale, qui est beaucoup plus profonde.

Nous entrons alors dans la vie du Christ, dans sa prière, dans son don d'amour au Père. Cela se réalise particulièrement dans l'Eucharistie.

L'Eucharistie est le sommet de l'adoration, elle est l'adoration en acte, le mémorial de l'acte d'adoration par excellence. Quand le Christ, entouré de ses apôtres au soir du Jeudi saint, nous a fait don de l'Eucharistie, il nous a laissé un acte définitif qui inclut son sacrifice de la Croix et qui embrasse tous les temps. C'est pourquoi on affirme qu'il s'agit d'un acte eschatologique : c'est l'acte définitif d'accomplissement de l'histoire humaine dans le destin de l'homme Jésus. C'est le mémorial qui rend présent cet acte dans notre temporalité, acte unique qui domine l'histoire du monde, la transcende et l'inclut.

Par les paroles uniques que nous prononçons, qui sont ses paroles à lui, nous rejoignons, dans notre temps, ses paroles qui sont à la fois temporelles et éternelles. Quand le Christ dit : « Ceci est mon corps, ceci est mon sang », il prononce ces paroles en obéissance au Père. Ainsi, dans l'Eucharistie, Jésus se donne à nous, mais c'est en fait le Père qui nous donne son Fils. Notre action de grâce est, en définitive, adressée au Père. Quand le Christ se fait présent au milieu de nous, il nous assume dans sa vie éternelle. Il assume notre offrande dans son offrande éternelle, il l'unit à son adoration éternelle, à son amour éternel, amour de gratitude, d'ouverture, de disponibilité. C'est ainsi que la fécondité du Père continue de se déverser sur l'humanité. Même, elle s'amplifie à partir de cette offrande. La communauté s'ouvre ainsi à la source éternelle qui coule dans le sacrement. Des possibilités d'unité, de transformation s'ouvrent alors au monde. C'est de cette façon que l'Église est sacrement de salut.

Au sein du catholicisme, nous avons développé ce qu'on pourrait appeler une culture eucharistique. Nous avons la célébration de l'Eucharistie qui est au cœur du mystère, mémorial du mystère pascal. Mais nous avons aussi le fruit de cette offrande : la présence permanente du Seigneur dans les espèces consacrées. Comme Église, nous nous rassemblons à tout le moins le dimanche pour témoigner de la présence de Dieu, pour en vivre toujours davantage. Ce témoignage peut se prolonger, au cours de la semaine, par une démarche individuelle pour aller rencontrer le Seigneur dans la présence eucharistique au tabernacle, pour le reconnaître et pour développer notre amitié avec lui. En effet, le sens ultime de cette présence, c'est qu'il y ait des liens d'amour entre les humains. Ces liens doivent être nourris d'en haut, à partir du Ressuscité. Lui, le Ressuscité, le Très-Haut, a voulu s'attacher au « très-bas », c'est-à-dire à cette présence si humble, si cachée. Dans sa sagesse et sa miséricorde, il a voulu s'attacher à cette présence pour que nous ayons facilement accès à lui. Il est tellement simple, tellement caché que nous l'oublions parfois. Nous cessons d'y croire. Et bien évidemment, lorsque nous cessons d'y croire, cette présence d'amour nous atteint moins. Sans la foi, elle n'est pas accessible, car Dieu ne s'impose pas, il s'offre à l'amour.

Lorsque nous allons lui rendre visite, nous y allons en tant que baptisés. De par notre baptême, nous appartenons à Dieu et nous exprimons cette appartenance d'amour en allant le rencontrer. Il nourrit alors en nous son attitude de reconnaissance, d'action de grâce, que nous avons reçue à notre baptême. Par cette rencontre, nous témoignons personnellement en étant l'écho du témoignage du Christ. En effet, toute la vie terrestre de Jésus est un témoignage de sa vie éternelle. Nous qui sommes baptisés dans sa vie éternelle à travers la participation à sa mort-résurrection, nous disons au monde : il y a ici quelqu'un de vivant, c'est la vie éternelle, source incomparable, bien plus précieuse que tous les trésors humains.

Bibliographie

La Bible de Jérusalem, nouvelle édition revue et corrigée, Paris, Cerf, 1998.

« Constitution "de Sacra Liturgia" (SC), [Sacrosanctum Concilium] », dans *VATICAN II : les seize documents conciliaires*, Montréal, Fides, 1967, p. 121-166.

L'Eucharistie, don de Dieu pour la vie du monde (DTB), Document théologique de base pour le 49e Congrès eucharistique international 2008, Québec, Anne Sigier, 2006.

Eucharistia : Encyclopédie de l'Eucharistie, sous la direction de Maurice Brouard, s.s.s., Paris, Cerf, 2002.

« Liturgie de la messe », dans *Missel romain*, Paris, AELF, 1974, p. 2-149.

JEAN-PAUL II, Encyclique *Ecclesia de Eucharistia* (17 avril 2003), Cité du Vatican, Libreria Editrice Vaticana.

BENOÎT XVI, Exhortation apostolique post-synodale *Sacramentum Caritatis*, Éditions de la CECC, Canada, 2007.